1 MONTH OF
FREE
READING

at

www.ForgottenBooks.com

By purchasing this book you are eligible for one month membership to ForgottenBooks.com, giving you unlimited access to our entire collection of over 1,000,000 titles via our web site and mobile apps.

To claim your free month visit:

www.forgottenbooks.com/free1242856

ISBN 978-0-428-54277-1
PIBN 11242856

Forgotten Books is a registered trademark of FB &c Ltd.
Copyright © 2018 FB &c Ltd.
FB &c Ltd, Dalton House, 60 Windsor Avenue, London, SW19 2RR.
Company number 08720141. Registered in England and Wales.

For support please visit www.forgottenbooks.com

LA VIEILLE,

OPÉRA-COMIQUE EN UN ACTE,

PAROLES DE MM. SCRIBE ET G. DELAVIGNE,

MUSIQUE DE M. FÉTIS;

PRÉSENTÉ POUR LA PREMIÈRE FOIS, A PARIS, SUR LE THÉATRE ROYAL DE L'OPÉRA-COMIQUE, LE 14 MARS 1826.

••••••••••••••••••••••

PRIX : 2 FR.

••••••••••••••••••••••••

A PARIS,

CHEZ BEZOU, LIBRAIRE,

SUCCESSEUR DE M. FAGES,

AU MAGASIN DE PIÈCES DE THÉATRE BOULEVART ST.-MARTIN, Nᵒ 29, VIS-A-VIS LA RUE DE LANCRY.

1826.

LA COMTESSE DE XÉNIA.   Mme PRADHER.

ÉMILE DE VERCIGNY, jeune
officier.   M. LEMONNIER.

LÉONARD, artiste.   M. HUET.

PÉTÉROFF, régisseur.   M. FIRMIN.

La scène se passe aux environs de Wilna.

———— ∘ ————

Vu au ministère de l'Intérieur, conformément à la décision
de Son Excellence, en date de ce jour.

Paris, le mars 1826.
Par ordre de Son Excellence,
Le chef du bureau des théâtres,

COUPART.

DE L'IMPRIMERIE DE E. DUVERGER, RUE DE VERNEUIL, N° 4.

LA VIEILLE,

OPÉRA-COMIQUE EN UN ACTE.

Le théâtre représente un salon élégant ; porte au fond, deux latérales. A droite une table, à gauche une psyché, une toilette, etc.

SCÈNE PREMIÈRE.

INTRODUCTION.

(Pétéroff est assis devant une table et écrit ; plusieurs esclaves et paysans russes arrivent par groupes. Ils se consultent entre eux, puis vont s'adresser à Pétéroff, qu'ils entourent.)

CHŒUR.

Voici l'heure de l'ouvrage ;
Nous venons, suivant l'usage,
Nous venons prendre humblement
Les ordres de l'intendant.
Parlez... parlez, monsieur l'intendant.

PÉTÉROFF
Silence ! et qu'on me laisse.

CHŒUR.

Taisons-nous, de peur
De fâcher monseigneur,
Monseigneur le régisseur.

UN DES PAYSANS, *s'approchant.*

C'est que madame la comtesse
Nous avait dit...

PÉTÉROFF.

Elle est notre maîtresse,
J'en veux bien convenir ; mais vu ses soixante ans,
Elle me fait ici la grace,
De se fier en tout à mes soins prévoyans.
Je me commande alors ce qu'il faut que je fasse,
Et tout n'en va que mieux ; car mon raisonnement
Est qu'il faut unité dans le gouvernement.

SCENE II.

LES PRÉCÉDENS, UN DOMESTIQUE, *en livrée.*

PÉTÉROFF.

Eh ! mais qui vient encore ?

LE DOMESTIQUE.

Un Français qui demande
Le prisonnier blessé, l'officier étranger
Qui demeure en ces lieux.

PÉTÉROFF.

Au jardin qu'il attende :
Il dort encore, et rien ne doit le déranger.

(Aux autres esclaves.)   (Le domestique sort.)

Partez tous... j'irai moi-même
Vous porter mon ordre suprême.

CHŒUR.

Voici l'heure de l'ouvrage ;
Nous allons, suivant l'usage ;
Attendre bien humblement,
Les ordres de l'intendant.
Honneur, honneur à monsieur l'intendant !

(Ils sortent.)

SCENE III.

PÉTÉROFF *seul, puis* ÉMILE.

PÉTÉROFF.

Ah ! bien oui... réveiller notre jeune officier ! ma maîtresse gronderait joliment ! un prisonnier blessé !... que
nous avons reçu avec les égards dus au courage malheureux, parce que le malheur et le courage ont toujours
été accueillis dans notre château... Ah ! voici monsieur
Emile... bonjour, mon officier, comment vous va ce
matin ?

ÉMILE.

A merveille ! je te remercie ; ma blessure est presque

guérie et je crois qu'aujourd'hui je pourrai commencer à sortir.

PÉTÉROFF.

Et comment avez-vous dormi ?

ÉMILE.

Fort bien : madame la comtesse avait reçu hier une lettre de l'armée qui m'a fait passer une excellente nuit.

PÉTÉROFF.

Il y a donc de bonnes nouvelles ?

ÉMILE.

Oui , il paraît qu'on a frotté vos cosaques, ça m'a fait plaisir.

PÉTÉROFF.

Mais pas à eux... et vous m'annoncez cela avec une joie...

ÉMILE.

Ecoute donc... parce que je suis prisonnier en Russie, crois-tu que je sois devenu Russe?... Du reste, tout fait croire à une paix prochaine, et j'en suis enchanté !

PÉTÉROFF.

Moi aussi, attendu que les Français n'ont qu'à reprendre Wilna , voilà notre château qui est exposé.

ÉMILE.

Ne crains rien... c'est moi qui à mon tour vous protégerai, et plût au ciel que j'en trouvasse jamais l'occasion, car ta maîtresse est si bonne, si généreuse, je dois tant à ses bienfaits !

PÉTÉROFF.

Ah! mon Dieu ! j'oubliais de vous dire qu'il y a en bas un Français qui demande à vous parler.

ÉMILE.

Et l'on ne m'a pas prévenu !

PÉTÉROFF.

Ne voulant pas vous réveiller , j'ai pris sur moi de le faire attendre dans le jardin.

EMILE.

Quelle manie as-tu donc de toujours prendre sur
toi ?... Va vite le prévenir.

PÉTÉROFF.

Mais, monsieur, s'il a eu froid, il sera entré dans les
appartemens.

EMILE.

Eh! va donc.

PÉTÉROFF.

Entrez, entrez, monsieur, on peut vous recevoir.

(Il sort.)

SCENE VI.

LES PRÉCÉDENS, LÉONARD.

EMILE.

Que vois-je? mon cher Léonard!

LEONARD.

Mon cher Emile!

(Ils courent dans les bras l'un de l'autre.)

DUO.

ENSEMBLE.

ÉMILE ET LÉONARD.

Doux souvenir de la patrie,
Que ton pouvoir est séduisant!
Oui, tous mes maux je les oublie,
Je les oublie en ce moment.

LÉONARD.

Dieu! quel bonheur j'éprouve,
Nous voilà réunis!

ÉMILE.

C'est toi que je retrouve
Aussi loin de Paris!

LÉONARD.

Au collège et dès notre aurore
Nous étions déjà bons amis.

ÉMILE.

Tiens, tiens, de grace, embrassons-nous encore :
Je te revois, je revois mon pays.

ENSEMBLE.

ÉMILE ET LÉONARD.

Doux souvenir de la patrie,
Que ton pouvoir est séduisant !
Oui, tous mes maux je les oublie,
Je les oublie en ce moment.

ÉMILE.

— Quel destin, quel Dieu tutélaire
Ici t'envoie à mon secours ?

LÉONARD.

Comment aux périls de la guerre
As-tu donc dérobé tes jours ?

ENSEMBLE.

ÉMILE ET LÉONARD.

Doux souvenir de la patrie,
Que ton pouvoir est séduisant !
Oui, tous mes maux je les oublie,
Je les oublie en te voyant.

ÉMILE.

Comment, tu es encore en Russie ?

LÉONARD.

J'y étais, tu le sais, bien long-temps avant la guerre,
comme artiste. En France nous avons trop de grands
hommes, voilà pourquoi les talens meurent de faim ;
aussi c'est pour éviter la foule que je suis venu chercher fortune à Saint-Pétersbourg.

ÉMILE.

Et tu as trouvé là un peu de différence ?

LÉONARD.

Pas tant que tu crois. Sais-tu que Saint-Péters-
bourg est une colonie parisienne ? on n'y parle que
français, on n'y adopte que les modes de France ; on y
joue toutes les pièces françaises, drames, opéras-comi-
ques et vaudevilles. Les élégans n'y sont pas plus ridi-

cules, les maris n'y sont pas plus sévères, les femmes n'y sont pas plus froides, on intrigue, on se trompe, on s'amuse tout comme à Paris; on y dîne aussi bien, et les glaces de la Néva valent celles de Tortoni.

ÉMILE.

C'est fini, tu n'as plus d'esprit national; tu n'es plus qu'un bourgeois russe et un badaud de Saint-Péters-bourg.

LÉONARD.

Tu es dans l'erreur, dans quelques années je compte bien retourner en France; je me ferai annoncer comme premier peintre de l'empereur de Russie : mes compa-triotes me prendront pour un étranger et ma fortune est faite.

ÉMILE.

Mais, en attendant, l'as-tu un peu commencée?

LÉONARD.

Oui, vraiment, le portrait donne beaucoup, et c'est ce qui rapporte le plus. J'ai peint des grands ducs, des princes, des chambellans, et surtout beaucoup de jo-lies femmes, aussi je suis à la mode dans la capitale; mais je n'aurais jamais cru que ma renommée s'étendit jusque dans les provinces de l'empire russe, lorsqu'il y a trois semaines, un banquier se présente chez moi : « N'êtes-vous pas monsieur Léonard, un peintre fran-çais qui avez fait vos classes à Paris, au lycée Charle-magne? — Oui, Monsieur. »

ÉMILE, *à part.*

Ah! mon Dieu!

LÉONARD.

« Eh bien! continue le banquier, si vous voulez vous rendre sur-le-champ par delà Smolensk et Witepsk, au château de la comtesse de Xénia, pour faire son por-trait, voici d'avance quatre mille roubles. »

ÉMILE.

J'y suis : c'est moi qui t'ai valu cette bonne au-baine.

LÉONARD.

Que dis-tu?

ÉMILE.

C'est encore une galanterie de ma vieille comtesse.
Je ne peux pas former un souhait que sur-le-champ il
ne se trouve réalisé. Il y a quelques jours je lui parlais
de toi, et je m'écriais que je donnerais tout au monde
pour te revoir et t'embrasser, ce qu'hélas je croyais
impossible; mais, comme une fée bienfaisante, elle a
donné un coup de baguette et te voilà.

LÉONARD.

Et quelle est donc cette comtesse de Xénia? Comment as-tu fait sa connaissance?

ÉMILE.

De la façon la plus singulière. Lors de notre retraite,
et dans un des derniers combats qu'il fallut livrer, nos
soldats s'étaient emparé des bagages d'une division en-
nemie; dans un landeau d'assez belle apparence, j'a-
perçois une femme infirme et âgée : je pensai à ma
mère; et quand elle me cria en français: « Monsieur,
protégez-moi», je courus à elle, enchanté de rendre service à une compatriote; «si c'est à ce titre, me dit-elle,
je ne veux pas vous tromper, je suis la veuve d'un officier russe. » Tu devines ma réponse; je regarde alors
ma nouvelle conquête. Elle n'était pas jeune, il s'en
faut; elle n'était pas jolie, au contraire; et cependant
il était facile de voir que jadis elle avait été fort bien.
Des manières nobles et distinguées, une conversation
charmante; enfin elle avait dû faire les beaux jours de
la cour de Catherine II ou de Pierre III, et je me rap-
pelai en effet avoir entendu parler d'une comtesse de
Xénia qui avait été la Ninon de ce temps-là, aux
mœurs près, s'entend; car la mienne a dû être la vertu
et la sagesse même.

LÉONARD.

Ah! tu réponds même du passé?

ÉMILE.

Oui, sans doute... malgré ses soixante-dix ans, je suis son chevalier, et quand tu la connaîtras, tu verras qu'il est impossible de ne pas l'aimer. Cependant notre marche continuait ; chaque instant voyait tomber un de nos soldats : nous n'étions plus qu'une douzaine autour de la voiture, lorsqu'un houra nous apprit l'arrivée de l'ennemi : c'était de ces maraudeurs qui n'étaient ni russes, ni français, et qui suivaient les deux armées, non pour combattre, mais pour piller. « Fuyons, me criaient mes gens, fuyons, mon officier, ils sont vingt contre un, laissez là cette femme. Mes amis, leur dis-je, je suis son chevalier et je ne la quitterai pas ; vous autres, conservez-vous pour vos jeunes maîtresses, partez, si vous voulez. »

LÉONARD.

Et ils t'ont laissé ?

ÉMILE.

Me laisser ! nos soldats ne laissent pas leurs officiers dans le danger, et en un instant je les vois tous debout rangés autour de moi. Leurs doigts engourdis ne pouvaient plus armer leurs fusils... et trois fois nous soutînmes à la baïonnette la charge de l'ennemi... mais enfin une balle m'atteignit et je perdis connaissance... Je tombai sur cette terre étrangère en pensant à la France et à ma pauvre mère que je ne devais plus revoir !

LÉONARD.

Cher Émile !

ÉMILE.

Quand je revins à moi, me croyant mort, ils m'avaient tous abandonné, tous.... excepté ma pauvre vieille qui ne me quitta pas d'un instant. Par ses soins je fus amené dans ce château qu'elle venait d'acheter... et tu n'as jamais vu de garde-malade plus active, plus dévouée, plus intelligente : le jour, la nuit, elle était toujours là... et depuis que je suis entré en convalescence, tous les matins elle vient s'établir dans ma chambre, apporte sa tapisserie, cause avec moi ou me fait des lectures... Elle lit si bien..., sa voix est encore si douce et si touchante...

LÉONARD.

Ah! ça, prends garde, tu vas en devenir amoureux.

ÉMILE.

Eh! eh! ne plaisante pas... cela m'arrive quelquefois quand je ferme les yeux.

LÉONARD.

Cela me rassure.

ÉMILE.

Il est de fait que si elle avait seulement quarante ans de moins, je ne répondrais de rien : souvent, quand elle n'était pas là, je me la figurais telle qu'elle devait être à dix-huit ans... je la revoyais jeune... et ravi du portrait que je venais de créer, je l'adorais d'imagination et de souvenir !

LÉONARD.

Tu plaisantes?

EMILE.

Non vraiment... par exemple, la vue de l'original me rappelait sur-le-champ à des sentimens modérés : mais, tiens, c'est elle... je l'entends, tu vas en juger par toi-même.

LÉONARD.

J'avoue que tu as piqué ma curiosité.

(Emile va au-devant de la Comtesse et lui donne le bras.)

SCENE V.

LA COMTESSE, EMILE, LÉONARD.

TRIO.

LÉONARD, *à part.*
Oui, chez elle le poids des ans
A rendu ses pas chancelans ;
Mais on voit qu'elle fut jolie.

ÉMILE.

Laissez-moi vous servir d'appui,
Acceptez la main d'un ami.

LA COMTESSE.

Heureux qui, cherchant un appui,
Rencontre la main d'un ami!
(Apercevant Léonard.)
Un étranger... C'est là, je le parie,
Votre ami Léonard, cet artiste fameux?

ÉMILE.

Oui, comme par magie il arrive en ces lieux :
Les lois de la nature à vos lois sont soumises.

LA COMTESSE.

J'ai l'esprit romanesque et suis pour les surprises ;
De celle-ci que dites-vous ?

LÉONARD, ÉMILE.

De vos bienfaits c'est le plus doux.

COUPLETS.

LA COMTESSE.

Au beau pays de France,
Séjour charmant, par les arts embelli,
Tous deux jadis vous passiez votre enfance,
Et j'ai voulu, vous rendant un ami,
Pour un instant vous rendre encore ici
Ce beau pays de France.

(2ᵉ *couplet.*)

ÉMILE *à la comtesse.*

Au doux pays de France,
Tout est soumis aux lois de la beauté ;
Mais dans ces lieux et malgré la distance,
Lorsque l'on voit tant d'esprit, de bonté,
Et tant de grace, on se croit transporté
Au doux pays de France.

LA COMTESSE.

Mais voyons? que ferons-nous ce matin pour égayer
le convalescent? je vous apportais là un cahier assez
curieux... ce sont des aventures et anecdoctes sur la
dernière campagne de Russie... tous les événemens
singuliers dont on m'a fait le récit ou dont j'ai été
témoin je les ai consignés dans ce volume, et ce matin
je comptais vous les lire.

ÉMILE.

Ah! volontiers.

LA COMTESSE.

Oui, en tête-à-tête... mais puisque nous avons un ami...

ÉMILE.

Ecoutez... Léonard était venu pour faire votre portrait.

LA COMTESSE.

Ce n'était là qu'un prétexte pour l'attirer auprès de nous.

ÉMILE.

Qu'il le commence dès aujourd'hui... vous me le donnerez, et quand je ne serai plus prisonnier de guerre, quand je retournerai dans mon pays, vous serez encore avec moi, car votre portrait sera comme votre souvenir, il ne me quittera jamais.

LA COMTESSE.

Si vous me donnez de pareilles raisons, je n'ai rien à repondre.

ÉMILE.

Allons, à l'ouvrage : asseyons—nous. (*à Léonard.*) prends tes pinceaux (*à la comtesse.*) voici votre tapisserie.

LA COMTESSE.

Je pourrai travailler?

LÉONARD, *s'asseyant près de la table à droite et se disposant à peindre.*

Sans doute... (*à Emile*) et toi?

ÉMILE.

Moi, je vous régarderai et je ne ferai rien... c'est le privilége des convalescens.

LA COMTESSE.

A merveille! ce sera une matinée d'artistes.

ÉMILE.

Vous serez contente de mon ami Léonard... c'est un vrai talent... il fait surtout d'une ressemblance...

LA COMTESSE.

Tant pis... à vingt ans, on aime qu'un portrait soit exact et fidèle... mais à mon âge, on craint les miroirs... (*à Émile.*) Ce qui me rassure, c'est qu'en France, ce portrait-là n'excitera pas la jalousie de vos maîtresses.

ÉMILE.

Ce serait difficile... car je n'en ai pas.

LA COMTESSE.

Vraiment?

ÉMILE.

J'ai tout rompu .. j'ai tout cédé à mes amis; quand on part pour la Russie, il faut faire son testament....

LA COMTESSE.

Quoi !.. vous n'avez jamais eu de passion véritable?

ÉMILE.

Ma foi, non... j'ai beau chercher... Dis donc, Léonard, te souviens-tu...

LÉONARD.

Dam !... vois tes notes, tu me parlais tout à l'heure d'un amour d'imagination.

ÉMILE, *lui faisant signe.*

Veux-tu te taire... pardon, madame; celui-là ne compte pas.

LA COMTESSE.

Quoi! vraiment, jamais !! s'il en est ainsi, mon ami.... je vous plains... il faut avoir aimé une fois en sa vie; non pour le moment où l'on aime... car on n'éprouve alors que des tourmens... des regrets, de la jalousie... mais peu à peu ces tourmens-là deviennent des souvenirs qui charment notre arrière-saison. J'ai entendu des gens de mon âge dire en se rappelant le passé : « Nous étions bien malheureux, c'était là le bon temps »; ces souvenirs-là influent plus qu'on ne croit sur le caractère et adoucissent notre humeur... Ils rendent l'âge mûr plus aimable, le nôtre plus indulgent, et quand vous verrez la vieillesse douce, facile et tolérante, vous pourrez dire, comme Fontenelle votre compatriote: « l'amour a passé par là. »

LÉONARD.

Prenez garde, madame, car vous êtes si bonne et si aimable, que, d'après votre système, nous allons penser....

ÉMILE.

Voyez-vous ces artistes... ils ont sur-le-champ des idées... Apprenez, monsieur, que la comtesse de Xénia a toujours été la femme de la cour la plus sage et la plus raisonnable.

LA COMTESSE, souriant.

Il y a à la cour bien des réputations usurpées... non pas que je ne mérite la mienne... mais souvent cela dépend de si peu de chose qu'il n'y a pas de quoi s'en vanter... Songez donc que, veuve à dix-huit ans, j'étais maîtresse de ma main et d'une fortune immense, lorsque je rencontrai dans le monde... un beau jeune homme...

ÉMILE, vivement.

Qui vous aima?

LA COMTESSE.

Non... au contraire c'était moi !... car lui ne s'en doutait seulement pas !

ÉMILE.

Ce n'est pas possible... contez-nous donc cela?

LA COMTESSE.

Cela peut-il vous distraire un instant?.. Aussi bien cela vous tiendra lieu de notre lecture.

ÉMILE, approchant son fauteuil.

A merveille !.. toi surtout, Léonard, ne fais pas de bruit.

LA COMTESSE.

Ecoutez-moi bien.

SCENE VI.

LES PRÉCÉDENS, PÉTÉROFF.

QUATUOR.

PÉTÉROFF.

Je viens, madame, avec prudence,
Et surtout dans l'intérêt...

ÉMILE.

C'est encor lui... J'aurais d'avance
Gagé qu'il nous interromprait.

PÉTÉROFF.

Je vous annonce en confidence...

ÉMILE.

Quelque malheur?

PÉTÉROFF.

Un des plus grands.

ÉMILE.

C'est toujours l'homme aux accidens,
Mais le plus grand, tu peux m'en croire,
C'est d'interrompre ainsi les gens
Lorsqu'ils vont entendre une histoire;
Ainsi, va-t-en.

PÉTÉROFF.

Ce serait mal,
Car c'est pour vous.

LÉONARD, LA COMTESSE.

O ciel!

ÉMILE.

Ça m'est égal.

LA COMTESSE.

Pour nous ce ne l'est pas.

(A Pétéroff.)
Parle vite et sur l'here

PÉTÉROFF.

Dans tous les environs et dans cette demeure
On vient de publier un ordre impérial
Pour faire sur-le-champ sortir de la Russie
Tous les prisonniers français,
Lesquels devront, et sans délais,
Être conduits en Sibérie!

ÉMILE, ÉDOUARD, LA COMTESSE.

O ciel! en Sibérie!

LA COMTESSE *regardant Émile.*

Faible et souffrant encor, c'en est fait de sa vie !

ENSEMBLE.

LÉONARD, LA COMTESSE.

A cet ordre sévère
Rien ne peut le soustraire ;
La crainte et la douleur
S'emparent de mon cœur.

ÉMILE.

A cet ordre sévère
Rien ne peut me soustraire ;
Mais c'est votre douleur
Qui déchire mon cœur.

PÉTÉROFF.

A cet ordre sévère
Rien ne peut le soustraire,
Non, rien du gouverneur
Ne fléchit la rigueur.

ÉMILE.

Allons, mes amis, du courage ;
Puisque le sort le veut ainsi,
Je partirai, mais c'est dommage,
Car on était si bien ici !

LA COMTESSE.

Et ce départ ?

PÉTÉROFF.

C'est aujourd'hui ;
Et le gouverneur militaire,
Pour faire exécuter cet ordre si sévère,
A l'instant même arrive ici.

LA COMTESSE.

Je le connais et son cœur inflexible
N'écoutera que la voix du devoir.

LÉONARD.

Eh quoi ! vos pleurs ne pourront l'émouvoir ?

LA COMTESSE.

N'y comptez pas ; mais il serait possible
De le tromper.

(A Emile.)
Venez, j'ai bon espoir ;
(A Pétéroff.)
Vous, suivez-moi.

(A Léonard.)
Bientôt nous allons vous revoir.

3

ENSEMBLE.

LÉONARD.

A cet ordre sévère
Rien ne peut le soustraire;
La crainte et la douleur
S'emparent de mon cœur.

LA COMTESSE.

Tout nous sera prospère;
L'amitié tutélaire
De ce fier gouverneur
Trompera la rigueur.

PÉTÉROFF.

A cet ordre sévère
Rien ne peut le soustraire;
Non, rien du gouverneur
Ne fléchit la rigueur.

(La comtesse sort appuyée sur le bras d'Emile, et Pétéroff les suit à quelque distance.)

SCENE VII.

LÉONARD, *seul.*

Que va-t-elle faire? je l'ignore; mais le gouverneur lui-même, quand il le voudrait, n'est pas le maître d'éluder les ordres qu'il a reçus, et quand je pense que ce pauvre Emile, à peine remis de ses blessures, serait entraîné en Sibérie, seul et à pied... seul, non pas! si je ne puis racheter sa liberté, je partagerai son esclavage et nous ferons la route ensemble. Je ne le quitterai pas, je le soignerai; un peintre a partout de quoi vivre, partout il trouve des sujets de tableaux: je ferai en Sibérie des effets de neige, et ça deviendra un voyage d'utilité et d'agrément.

ROMANCE.

Oui, de cette terre sauvage
Je peindrai les affreux déserts:
On aime à retracer l'image
Des malheurs que l'on a soufferts;

Et nous prêtant un mutuel courage,
Nous redirons pendant ce long voyage :
Point de malheur qui ne soit oublié
Avec les arts et l'amitié.

(2ᵉ *couplet.*)

L'artiste se rit des promesses
Que font les amours et Plutus :
Inconstantes sont les richesses,
Les amours le sont encor plus.
Trahi par eux, je reviens avec zèle
A mon pinceau qui m'est resté fidèle.
Point de malheur qui ne soit oublié
Avec les arts et l'amitié.

SCÈNE VIII.

LÉONARD, PÉTÉROFF.

PÉTÉROFF, *à la cantonnade.*

C'est bien, je me charge de tout, je prends tout sur moi.

LÉONARD.

Eh! mon Dieu! qu'y a-t-il donc?

PÉTÉROFF.

Ce qu'il y a, Monsieur, ce qu'il y a? l'événement le plus inconcevable, le plus inouï, le plus extraordinaire, et cependant le plus naturel (*retournant à la cantonnade*). Vous disposerez tout dans l'oratoire de Madame, car c'est en secret, en petit comité, entendez-vous bien?

LÉONARD.

A qui en avez-vous?

PÉTÉROFF.

A qui? à tout le monde! car je suis chargé de tout, et une cérémonie comme celle-là, sur-le-champ, à l'improviste, en une heure; je sais bien qu'il n'y a pas de temps à perdre, mais il faut ma tête, ma capacité (*se retournant vers deux domestiques qui entrent*).

Ah! vous autres, montez à cheval sur-le-champ, et portez ces invitations à toute la noblesse, à tous les seigneurs des environs. Il n'est pas nécessaire qu'ils assistent à la cérémonie, mais il faut qu'ils soient au repas, entendez-vous? ce sont mes ordres et ceux de Madame, Partez.

LÉONARD.

Ah! ça, m'expliquerez-vous enfin...

PÉTEROFF.

Oui, Monsieur, oui, je suis à vous, car vous entendez bien (*regardant un papier qu'il tient à la main.*) Ah! mon Dieu! cet acte que vient de me remettre Madame, ça ne peut pas aller ainsi; mais elle s'avise d'arranger cela elle-même, et sans me consulter; Dieu! si je n'étais pas là pour tout réparer... Pardon, Monsieur, je cours chez notre homme de loi et je reviens dans l'instant. (*Il sort.*)

SCÈNE IX.

LÉONARD, ÉMILE, *en grand uniforme.*

LÉONARD.

Eh bien! il s'en va, est-ce qu'ils ont tous perdu la tête?

ÉMILE.

A qui en as-tu donc?

LÉONARD, *apercevant Émile.*

Ah! te voilà superbe; toi, du moins, tu m'expliqueras ce qui se passe dans ce château?

ÉMILE.

Comment, on ne te l'a pas dit? tu ne le sais pas encore, toi, mon meilleur ami?

LÉONARD.

Et qui diable veux-tu qui me l'apprenne?

ÉMILE.

C'est vrai, ce pauvre Léonard! Eh bien! mon ami,

nous avons réfléchi avec la comtesse, et nous avons vu
que ce qui m'envoyait en Sibérie c'était mon titre de
prisónnier français ; mais qu'en devenant russe...

LÉONARD.

Comment, devenir russe?

ÉMILE.

Eh ! oui , par alliance. En épousant quelqu'un du
pays, c'est le moyen d'y rester.

LÉONARD.

Sans contredit; mais où trouver une femme qui
veuille passer pour la tienne?

ÉMILE.

C'était là le difficile; mais mon choix est fait et je
deviens seigneur moscovite, c'est un état comme un
autre.

LÉONARD.

Il serait vrai?

ÉMILE.

Certainement; j'étais officier français, je me fais
prince russe ; moi, je n'ai pas d'ambition. J'épouse pendant trois mois quatre cent mille livres de rente, un
château magnifique... Tu peux en juger par toi-même.

LÉONARD.

Comment! la comtesse de Xénia...

ÉMILE.

Oui, mon ami, cette ruse pouvait seule empêcher
mon départ, et jamais je ne pourrai m'acquitter envers
cette excellente, cette adorable femme. Voyez, m'a-
t-elle dit, si vous aurez le courage de passer pendant
quelques jours pour le mari d'une douairière. On va
vous accabler de quolibets et de mauvaises plaisanteries, ça n'est pas gai, mais cela vaut peut-être mieux
que d'aller en Sibérie.

LÉONARD.

Je suis de son avis; mais ce stratagème ne peut-il pas

la compromettre? et comment faire accroire au gouverneur, par exemple, que ce prétendu mariage est véritable?

ÉMILE.

Rien de plus simple pour ceux qui connaissent les
mœurs et les usages de la Pologne russe où nous sommes
en ce moment. La comtesse vient de m'expliquer tout
cela. Nous croyons, nous autres Français, être la nation
la plus inconstante de l'Europe: gloire usurpée! les Polonais l'emportent encore sur nous. Chez eux, le divorce n'est pas permis, ce qui les désespère... mais pour
remédier à cet inconvénient, ils ont toujours soin dans
tous les actes de mariage de glisser exprès, et du consen-
tement des parties, deux ou trois nullités...

LÉONARD.

Je crois avoir lu cela dans Rulhière.

ÉMILE.

C'est original, n'est-il pas vrai? et puis, c'est com-
mode... Je suis étonné qu'en France on n'y ait pas encore pensé. En attendant, mon excellente comtesse
s'est chargée de tout, et dans l'acte de mariage que
nous venons de rédiger, elle a placé plusieurs bonnes
nullités que j'ai surveillées moi-même; de sorte que
dans deux ou trois mois, m'a-t-elle dit, quand la guerre
sera terminée, nous romprons cet hymen de circons-
tance... vous retournerez dans votre pays vous marier
réellement. J'aurai été votre femme pour vous sauver
la vie, et je cesserai de l'être pour vous rendre au
bonheur.

LÉONARD.

Tu as raison, c'est bien la plus aimable femme qui
existe.

ÉMILE.

N'est-ce pas? on dit qu'elle est vieille... je ne sais pas
pourquoi... elle n'a jamais eu d'hiver ni d'automne... elle
a soixante-dix printemps, et voilà tout... aussi dans mon
mariage provisoire je vais être plus heureux qu'une

foule de maris perpétuels... j'ai le bonheur en attendant, et le divorce en perspective.... mais tais-toi, car cette supercherie est un secret pour tout le monde, même pour monsieur l'intendant.

SCENE X.

LES PRÉCÉDENS, PÉTÉROFF.

PÉTÉROFF.

Quand monseigneur voudra, madame l'attend chez elle.

ÉMILE.

C'est bien. (à *Léonard.*) Nous devions d'abord te prendre pour témoin.... mais nous avons réfléchi qu'il valait mieux choisir des gens du pays... (à *Pétéroff*) Est-ce que tout est disposé ?

PÉTÉROFF.

Non, monsieur, mais j'ai pris sur moi...

ÉMILE.

En voilà un qui, malgré son zèle, n'aurait jamais été soldat.

LÉONARD.

Et pourquoi ?

ÉMILE.

C'est qu'il fait toujours feu avant le commandement.

PÉTÉROFF.

C'est-à-dire, j'ai pris sur moi de venir le premier vous féliciter sur un mariage aussi convenable qu'extraordinaire, et qui prouve du reste à tous les yeux le mérite de monseigneur.

ÉMILE à *Léonard.*

Adieu, mon ami, dans l'instant je reviens te prendre et je te présenterai à ma femme, à mes vassaux, à tout le monde... il faut que tu m'aides à supporter mon bonheur.

(Il sort.)

SCENE XI.

LÉONARD, PÉTÉROFF.

LÉONARD.

Je n'ai jamais vu de marié plus joyeux que celui-là.

PÉTÉROFF.

Vous croyez alors que tantôt monseigneur sera disposé à accueillir nos petites réclamations ?

LÉONARD.

Je vois que tu as quelque chose à lui demander.

PÉTÉROFF.

Monsieur sait bien que ces jours-là... on demande toujours.... D'abord je suis serf et vassal de madame la comtesse, et je tiendrais à être libre... non pas que je ne fasse ici tout ce que je veux... mais c'est égal...

LÉONARD.

Je comprends... tu as de la fierté.

PÉTÉROFF.

Oui, monsieur, je suis fier.

LÉONARD.

Et tu voudrais quitter le service ?

PÉTÉROFF.

Non pas, car j'y fais de bons profits, et je compte bien rester toujours domestique.... On porte la serviette et on est aux ordres des maîtres, mais enfin on se dit : je suis libre... et cela suffit. Je voulais ensuite parler de la petite gratification d'usage... deux ou trois mille roubles : croyez-vous que je pourrai les demander ce soir à monseigneur ?

LÉONARD.

Les demander, tu le peux ; mais s'il les donne, ça m'étonnera.

PÉTÉROFF.

Non, monsieur, il n'hésitera pas, surtout quand il

saura l'important service que je viens de lui rendre... le voilà dans l'instant seigneur de ce beau domaine; le voilà avec un titre et une grande fortune. Eh bien! sans moi... il n'aurait rien de tout cela... sans moi, monsieur, il ne serait pas marié...

LÉONARD.

Que veux-tu dire?

PÉTÉROFF.

Que tantôt, et pour la première fois de sa vie, madame avait arrangé tout cela elle-même, et sans me consulter... aussi, il fallait voir! pour vous en donner un exemple... rien que l'acte de mariage contenait trois ou quatre nullités...

LÉONARD.

Eh bien?

PÉTÉROFF.

De sorte que demain, après demain, quand on aurait voulu, on pouvait rompre le mariage... c'était un hymen de comédie!...

LÉONARD, *vivement.*

Achève.

PÉTÉROFF.

Eh bien! monsieur, j'ai pris sur moi de porter cet acte à notre homme de loi... qui a tout rétabli dans l'ordre légal; et grace à mon zèle et à ma prévoyance, monsieur et madame vont être mariés indéfiniment.

LÉONARD.

Malheureux! qu'as-tu fait?

PÉTÉROFF.

Le devoir d'un fidèle serviteur.

LÉONARD, *le prenant au collet.*

Tu mériterais d'être assommé... mais courons... car, grace au ciel! il est temps encore de tout réparer... Dieu, qu'entends-je?

(On entend en dehors des acclamations et le bruit des boîtes et des pétards).

SCENE XII.

ÉMILE, *à la cantonnade.*

Merci, merci, mes amis, assez de complimens comme ça... j'ai cru que je n'en sortirais pas; mon ami, tu vois un nouveau marié.

LÉONARD, *à part.*

O ciel!

EMILE, *à voix basse.*

Il a bien fallu avancer la cérémonie : ce maudit gouverneur voulait, dit-on, l'honorer de sa présence... il nous en avait menacés.

LÉONARD.

Et tout est terminé?

EMILE.

En cinq minutes... ça n'a pas été long... tu viens d'entendre les acclamations de mes vassaux... ils sont là dans la cour cinq à six cents paysans, et les cris de joie, les coups de fusil, les bouquets, les chapeaux en l'air... vive monseigneur!... c'est un coup d'œil admirable!

LÉONARD, *à part.*

Pauvre garçon! il me fait mal!

EMILE.

Pétéroff, fais-leur distribuer des vivres, du vin, de l'hydromel... ce qu'il y aura dans mon château... va, c'est de la part de leur nouveau seigneur... ou plutôt de la part de madame, (*à part.*) car j'oublie toujours que je ne suis là que par intérim.

PÉTÉROFF.

Oui, monseigneur.

EMILE, *le rappelant.*

Ah! Pétéroff, je veux aussi des danses, de la musique... un jour de noce, ça ne fait pas mal... ça étourdit.

LÉONARD; *à part*.

Oui... il en aura besoin.

EMILE.

C'est agréable d'avoir des vassaux... vrai ! on s'y habituerait. (*Pétéroff sort.*) Ah ! mon Dieu !... et ma femme, j'oubliais... (*à Léonard.*) Mon ami, je cours la rejoindre.

LÉONARD, *le retenant*.

Et pourquoi donc ?

EMILE.

Parce que toute la noblesse des environs vient d'arriver, et ma femme doit être au milieu des complimens et des félicitations... je vais à son secours.

LÉONARD, *le retenant toujours*.

Elle peut bien les recevoir toute seule.

EMILE.

Non, mon ami, ce ne serait pas juste, tout doit être commun dans un bon ménage... même l'ennui.

LÉONARD.

J'ai à te parler.

EMILE.

C'est différent, j'écoute... voyons, parle vite !

LÉONARD.

Je ne sais trop comment te le dire, car c'est une chose qui va vous surprendre tous les deux...

EMILE.

Une surprise... tant mieux !... quelque chose de ta composition ?...

LÉONARD.

Non, mon ami.

ÉMILE.

Eh bien ! tu m'y fais penser. Si nous lui faisions des couplets, ça lui fera plaisir... Des couplets où je lui parlerai de ma reconnaissance, de mon attachement, car plus je connais cette excellente femme et plus je l'aime, et tu vas peut-être te moquer de moi ; mais, vois-tu, ce prétendu mariage serait véritable, que maintenant ça me serait égal.

LÉONARD.

Vraiment?

ÉMILE.

Je crois même que ça me ferait plaisir!

LÉONARD.

Parbleu, ça ne pouvait pas mieux se trouver, moi qui cherchais quelque transition pour arriver à ma nouvelle.

EMILE, *fronçant le sourcil.*

Hein! que veux-tu dire?

LEONARD.

Que tu n'as rien à désirer et que tous tes vœux sont comblés.

EMILE.

Qu'est-ce que c'est? pas de mauvaises plaisanteries.

LEONARD.

Plût au ciel que c'en fût une! mais il n'est que trop vrai. Tu as contracté un mariage que rien ne peut rompre.

EMILE.

O ciel! tu te trompes? ça n'est pas possible.

LEONARD.

Et si vraiment, par l'ineptie de cet imbécille d'intendant, qui, avant la célébration, a porté le contrat à un homme de loi pour en effacer les nullités que la comtesse y avait mises à dessein.

EMILE, *accablé.*

C'en est fait de moi!...je sens une sueur froide qui me saisit... mon ami, soutiens-moi.

LEONARD.

Eh bien! qu'as-tu donc?

EMILE.

Je n'en sais rien... mais je n'y survivrai pas.

LEONARD.

Y penses-tu? je te croyais plus de courage, plus de philosophie.

EMILE.

Et où diable veux-tu qu'on en ait contre des coups pareils? Epouser un siècle!

LEONARD.

Et ce que tu me disais tout à l'heure?

EMILE.

Ah! bien oui, on dit cela quand on croit que ça n'arrivera pas; mais que pensera-t-on de moi en France?

LEONARD.

Et que pourra-t-on en penser, quand je publierai la vérité, quand on saura que c'est malgré toi, que c'est à ton insu... de ce côté-là je suis tranquille, l'honneur est intact.

EMILE, *vivement.*

Oui, mais les railleries, les plaisanteries... (*comme par réflexion.*) Je sais bien que provisoirement je peux toujours assommer ce coquin d'intendant, et lui rompre les os.

LEONARD, *froidement.*

Ça ne rompra pas ton mariage.

EMILE.

C'est vrai, et dans mon malheur je ne sais à qui m'en prendre. Dieu! c'est la comtesse, pauvre femme! Ce n'est pas sa faute; modérons-nous, si je le peux, pour ne pas l'affliger.

SCENE XIII.

LES PRÉCÉDENS, LA COMTESSE.

LA COMTESSE, *un peu agitée.*

Monsieur Léonard, je vous en prie, laissez-nous...

Léonard sort.) (*à Emile.*) Monsieur, vous me voyez désolée, et quand vous saurez ce que mon intendant vient de m'apprendre...

ÉMILE.

Je le sais, Madame.

LA COMTESSE.

O ciel !

ÉMILE.

Je sais que c'est lui seul qui, malgré vos ordres et sans vous en prévenir...

LA COMTESSE.

N'importe, je ne me le pardonnerai jamais. Le ciel en est témoin, je ne voulais que vous rendre à la liberté, à vos amis, à votre patrie, et j'ai enchaîné votre sort au mien : j'ai disposé de votre avenir.

EMILE.

Madame, pouvez-vous penser...

LA COMTESSE.

Non; vous ne m'accuserez pas, je le sais, mais, si vous me connaissiez bien, si vous pouviez lire au fond de mon cœur, vous verriez que cet événement renverse tous mes projets, toutes mes espérances, et me rend la plus malheureuse des femmes.

EMILE, *à part.*

Vous allez voir que c'est moi qui serai obligé de la consoler.

LA COMTESSE.

Si je n'ai pu ni prévoir, ni empêcher un hasard aussi fatal, je veux du moins le réparer autant qu'il est en mon pouvoir, et c'est pour cela que je vous prie de m'écouter. Depuis le jour où je vous ai dû la vie, j'ai cherché les moyens de m'acquitter envers vous.

EMILE.

Et n'est-ce pas moi qui suis votre débiteur ?

LA COMTESSE.

Ne m'interrompez pas. J'avais donc formé le dessein de

vous assurer un jour une partie de ma fortune; mais je
ne comptais pas vous la faire acheter aussi cher. Pour
vous forcer à accepter, il fallait un prétexte, il fallait
employer la ruse ; maintenant je n'en ai plus besoin.
A dater d'aujourd'hui, j'ai le droit de vous offrir et
vous n'avez plus celui de me refuser.

EMILE.

Madame...

LA COMTESSE.

Ne m'enviez pas cet avantage, c'est le seul de ma
position. Vous avez une mère que vous chérissez , trai-
tez-moi comme elle ; cédez-moi une partie de ses droits,
je le mérite peut-être par la tendresse que j'ai pour
vous; et d'abord , permettez – moi une seule question.
Etiez-vous libre?

EMILE.

Oui, madame.

LA COMTESSE.

Quoi! vous n'aviez aucune inclination?

EMILE.

Je vous l'ai déjà dit, non, madame.

LA COMTESSE.

Ah! tant mieux, je respire. Je n'aurai point à me
reprocher le malheur d'une autre personne, et vous
me pardonnerez plus aisément. Partez donc! le titre de
mon époux vous fera obtenir facilement la permission
de retourner à Paris. Avec cent ou deux cent mille
livres de rentes, on dit qu'on y est toujours heureux...
vous les aurez, vous y vivrez libre, indépendant, presque garçon, car à six cents lieues de moi, c'est comme
si vous n'étiez pas marié : seulement vous m'écrirez,
vous me ferez part de vos plaisirs, de votre bonheur, de
vos amours. Je n'en dirai rien à votre femme; elle ne
sera point jalouse, elle ne l'est que de votre amitié.

ÉMILE.

A mesure qu'elle parle... mon illusion revient ; l'on
serait trop heureux de passer ses jours auprès d'une

femme comme celle-là! pourquoi ne suis-je pas arrivé quarante ans plus tôt?

LA COMTESSE, *souriant.*

Ou moi, cinquante ans plus tard.

ÉMILE.

Dieu! que je vous aurais aimée!.. tout en vous m'aurait séduit... et maintenant encore... je ne sais quel charme inconnu...

LA COMTESSE.

Oui, maintenant mon amitié peut vous suffire... mais plus tard quand vous rencontrerez dans le monde une femme jeune, jolie, celle enfin que vous devez aimer... vous regretterez alors et votre liberté et l'hymen qui vous enchaîne... mais ce qui me rassure, mon ami... c'est que grace au ciel, je suis bien vieille...

ÉMILE.

Ah! madame, quelle idée! et que je suis coupable si j'ai pu vous faire penser que je désirais la perte de ma bienfaitrice... apprenez que votre présence, votre amitié sont nécessaires à mon bonheur; et quoi qu'il arrive, quoi qu'en puisse dire le monde, je ne veux rien, je ne désire rien que de ne pas vous quitter... de rester en ces lieux, comme votre ami, et comme votre époux.

LA COMTESSE.

Il serait vrai! c'est de vous, Émile, que j'entends un pareil aveu... je ne l'oublierai jamais, et vous me rendez bien heureuse!

ÉMILE.

Eh bien! tant mieux!... c'est toujours une consolation.... Mais qui vient là nous interrompre?

SCENE XIV.

LES PRÉCÉDENS, PÉTEROFF, LEONARD.

MORCEAU D'ENSEMBLE.

PÉTÉROFF.

Madame, et monseigneur, toute la compagnie
Vient pour prendre congé de vous,
Et faire ses adieux aux deux nouveaux époux!

ÉMILE.

Encore une cérémonie!
Eh! morbleu! qu'ils s'en aillent tous!

CHŒUR.

Dans l'ombre et le mystère,
Restez, heureux époux.
Silence! il faut nous taire,
Amis, éloignons-nous.
Que chacun dans sa demeure.
Se retire sans bruit!
Voici l'heure!
Voici minuit!

PÉTÉROFF, *bas aux conviés.*

C'est bien... c'est bien... quittez ces lieux.

ÉMILE, *bas à Léonard, montrant Pétéroff.*

Je sens en le voyant paraître
Comme un besoin impérieux
De le jeter par la fenêtre!

LÉONARD, *bas.*

Quelle idée as-tu là?
Un homme marié!

ÉMILE.

C'est justement pour ça.

PÉTÉROFF.

Les femmes de madame.
Peuvent-elles entrer?

LA COMTESSE.

Eh! oui.

PÉTÉROFF, *à Émile.*

Si Monseigneur
Veut accepter les soins que ce grand jour réclame,
Comme valet de chambre... ici j'aurai l'honneur...

ÉMILE.

C'est bon! laissez-moi!

PÉTÉROFF.

Très bien! je conçoi!

CHŒUR.

Dans l'ombre et le mystère,
Restez, heureux époux.
Amis, il faut nous taire,
Silence! éloignons-nous !
Que chacun dans sa demeure
Se retire sans bruit.
Voici l'heure !
Voici minuit !

(Ils sortent tous.)

LÉONARD, *restant le dernier, revient sur ses pas,
et donnant une poignée de main à Emile.*

Adieu, mon pauvre ami... Adieu! du courage !

(Il sort; on ferme toutes les portes.)

SCÈNE XV.

LA COMTESSE *près d'une toilette à gauche du théâtre,
et avec deux femmes de chambre ;* EMILE *à droite.*

EMILE, *regardant Léonard qui s'en va.*

Oui, du courage... je voudrais bien le voir à ma
place, je suis sûr qu'il rit en lui-même.

LA COMTESSE.

Eh bien!... monsieur Léonard nous laisse ?

EMILE.

Oui, madame... il s'en va; (*à part.*) voilà les amis! ils s'en vont toujours au moment du danger.

LA COMTESSE , *se levant de la toilette , et allant près d'Emile à voix basse.*

Je n'ai pas besoin de vous dire, monsieur, (*montrant l'appartement à gauche.*), que voilà votre appartement, (*montrant celui à droite.*) et voici le mien.

ÉMILE, *s'inclinant respectueusement.*

Oui, madame.... (*à part.*) allons, décidément, ma femme est une femme charmante (*il prend sur la table à droite une bougie, et·va pour sortir*).

LA COMTESSE , *souriant.*

Eh bien? ou allez-vous ?... vous pouvez rester encore.

EMILE, *à part et posant sa bougie sur la table.*

C'est juste, devant ses femmes, ça n'était pas convenable... (*haut.*) vous me permettrez donc d'assister à votre toilette?

LA COMTESSE.

Je pense que vous en avez le droit. (*lui montrant la table à droite.*) Tenez, vous avez là des livres.

EMILE.

Oui, madame... je vois ce cahier dont vous me parliez ce matin, ces anecdotes sur la campagne de Russie... recueillies par vous, et écrites de votre main.

(La comtesse est à gauche à la toilette, Emile est près de la table à droite.)

ÉMILE, *lisant.*

« On amena à l'hetman Platoff, une jeune vivandière que ses cosaques avaient fait prisonnière.» Je connais celle-là. (*tournant le feuillet.*) Ah ! ah! anecdote intéressante! voyons celle-ci : « Une jeune orpheline « avait épousé à dix-huit ans un vieux général russe, « le comte de X trois étoiles, qui avait une fortune im-« mense...Quand la guerre fut déclarée, le général ob-« tint un commandement; mais sa jeune épouse qui ne « voulait point le quitter, partit avec lui, et partagea

« toutes les fatigues de cette campagne et tous les périls
« de la guerre. » (*s'interrompant.*) C'était bien à elle,
n'est-ce pas madame?

LA COMTESSE *toujours à sa toilette.*

Elle n'est pas la seule.

ÉMILE, *continuant.*

« A un combat sanglant où son corps d'armée avait
« été mis en déroute, le vieux général russe fut blessé à
« mort, sa femme resta auprès de lui, et recueillit son
« dernier soupir. Mais alors elle se trouva seule dans un
« pays immense, occupé par l'ennemi.... elle avait trois
« cents lieues à faire pour regagner le château de son
« mari... Elle était jeune... elle était jolie, et dans ce
« long trajet, elle avait tout à craindre... que faire alors?
« et quel parti prendre ? » (*s'interompant.*) Ça devient
intéressant, n'est-il pas vrai?

LA COMTESSE, *toujours à sa toilette.*

Oui, sans doute, continuez.

EMILE.

« Elle pensa alors à la grand'mère de son mari, femme
« très aimable et très respectable qui portait le même
« nom qu'elle, et son plan fut exécuté à l'instant... Elle
« courba sa taille, rida ses traits, et se donna toute l'ap-
« parence d'une octogénaire, persuadée que son aspect
« seul la défendrait mieux que les lances de cent che-
« valiers polonais. »

Ma foi, le moyen n'était pas mauvais, car il est sûr
que rien n'effraie un soldat entreprenant comme la vue
d'une vieille fem..... (*regardant la comtesse.*) Pardon... je ne sais pas ce que je dis. (*à part.*) Où diable
vais-je m'aviser de faire des réflexions... aujourd'hui
surtout que j'ai du malheur...

LA COMTESSE.

Eh bien! monsieur, vous n'achevez pas ?

ÉMILE.

Si vraiment... (*regardant la comtesse qui est toujours à sa toilette et qui lui tourne le dos.*) C'est bien

singulier... il me semble que pour son âge, ma femme se tient encore assez droite. (*continuant.*) «Tout alla bien « pendant une grande partie de la route; mais forcée « de voyager en tête-à-tête avec un jeune officier qui « l'avait défendue sans la connaître, on jugera aisément « de son embarras, il fallait s'arrêter dans les mêmes « auberges, souvent dans le même appartement. » Au fait... c'eût été charmant si cet imbécille d'officier avait pu se douter qu'il avait là auprès de lui... Dieu! si j'avais été à sa place!

LA COMTESSE.

Eh bien! monsieur, vous ne lisez plus?

ÉMILE.

Si, madame... voyons le dénoûment!

(Prenant le livre et regardant la comtesse.)

DUO.

ÉMILE.

Mais que vois-je! d'ici, la chose est surprenante,
On dirait que ma femme a la taille élégante.

ÉMILE.

Voyons, voyons, cependant!
Avançons un peu! mon trouble
A chaque moment redouble.
Car le plus étonnant,
C'est que ma femme a l'air d'avoir un bras charmant,
Autant qu'on peut juger d'aussi loin.

(S'approchant.)

Du courage,
Avançons encore.

(Dans ce moment, les femmes qui entourent la comtesse ont achevé de lui ôter et la robe et la coiffure de vieille qui la déguisaient; elle est en peignoir de mousseline et coiffée en cheveux.)

Ah! grands Dieux!

LA COMTESSE, *se retournant vers lui.*

Qu'avez-vous donc?

ÉMILE.

En croirais-je mes yeux!
C'est la réalité... de la charmante image
Dont mon cœur était amoureux.

ENSEMBLE.

ÉMILE.

O surprise ! ô prodige
D'amour et de bonheur !
Cet aimable prestige
Fait palpiter mon cœur.

LA COMTESSE.

Ce n'est point un prodige...
Mais je vois son bonheur,
Et ce nouveau prestige
Fait palpiter mon cœur.

ÉMILE.

Ah ! je suis trop heureux !... je devine sans peine
Ce que je lisais dans l'instant...

LA COMTESSE.

Est votre aventure et la mienne.
Mais maintenant, monsieur, que rien ne vous retienne,
(Montrant l'appartement à gauche.)
Voici votre appartement.

ÉMILE.

Non pas , vraiment.
(Prenant une sonnette qui est sur la table.)
Mes amis... Léonard !
Ah ! pour moi quelle ivresse !
Venez partager mon bonheur !

SCENE XVI.

LES PRÉCÉDENS , LÉONARD , PÉTÉROFF , LES
GENS DE LA MAISON.

PÉTÉROFF.

Eh mais ! d'où vient cette rumeur?
Qu'arrive-t-il à monseigneur?

ÉMILE.

Mes chers amis , voici madame la comtesse
Qu'ici je vous présente.

· LÉONARD, PÉTÉROFF.

En croirais-je mes yeux?

Et comment se fait-il?

ÉMILE.

Vous le saurez tous deux.

(En riant.)
C'est un retour de jeunesse.

LA COMTESSE.

Et moi, je n'oublierai jamais que dans ce jour,
Malgré mes soixante ans...

ÉMILE.

Je vous aimais d'amour.

LA COMTESSE.

Pour l'avenir, voilà qui me rassure ;
Et puisque la vieillesse a pour vous des appas,
Je pourrai donc vieillir sans crainte...

ÉMILE.

Oui, je le jure ;
Mais, pourtant ne vous pressez pas!

CHŒUR.

L'amitié, la tendresse
Nous rendent nos beaux jours ;
Pour rajeunir sans cesse,
Il faut s'aimer toujours.

FIN.